D1709559

El deporte y mi cuerpo

Gimnasia

Catherine Veitch

Heinemann Library
Chicago, Illinois

www.heinemannraintree.com
Visit our website to find out
more information about
Heinemann-Raintree books.

To order:

☎ Phone 888-454-2279

▨ Visit www.heinemannraintree.com
to browse our catalog and order online.

Edited by Siân Smith, Rebecca Rissman, and
Charlotte Guillain
Designed by Joanna Hinton-Malivoire
Picture research by Ruth Blair
Production by Duncan Gilbert

Originated by Chroma Graphics (Overseas) Pte. Ltd
Printed and bound in China by South China Printing
Company Ltd
Translation into Spanish by DoubleOPublishing Services

13 12 11 10
10 9 8 7 6 5 4 3 2 1

**Library of Congress Cataloging-in-Publication
Data**
Veitch, Catherine.
  [Gymnastics. Spanish]
  Gimnasia / Catherine Veitch.
     p. cm.—(El deporte y mi cuerpo)
  Includes bibliographical references and index.
  ISBN 978-1-4329-4343-1 (hardcopy)—ISBN 978-1-
4329-4349-3 (pbk.) 1. Gymnastics—Juvenile literature.
I. Title.
  GV461.3.V5418 2011
   796.44—dc22   2010006695

Acknowledgments
The author and publishers are grateful to the following
for permission to reproduce copyright material:
© Capstone Global Library Ltd p. **22** (Trevor Clifford);
Corbis pp. **7** (Strauss/Curtis), **9** (Kevin Dodge), **10**
(Anna Peisl/zefa), **12** (image100), **14** (Fancy/Veer),
16 (Adriane Moll/zefa), **23** (Kevin Dodge); Getty
Images pp. **4** (Alistair Berg), **5**, **23** (Clive Brunskill), **6**,
23 (Frederick J. Brown/AFP), **13** (Susanna Price/DK),
17 (J. Clarke), **19** (Ableimages/Riser), **20** (Victoria
Blackie/Photographer's Choice); Photolibrary pp. **8**, **23**
(GoGo Images), **15**, **23** (Westend61), **18** (Big Cheese);
Shutterstock pp. **11** (© Jiang Dao Hua), **21** (© Monkey
Business Images).

Cover photograph of girls doing floor exercises
reproduced with permission of Corbis/Anna Peisl/zefa.
Back cover images reproduced with permission of
Corbis: 1. child stretching (© Kevin Dodge); 2. child in a
gym, bending backwards (© image100).

Every effort has been made to contact copyright holders
of material reproduced in this book. Any omissions will
be rectified in subsequent printings if notice is given to
the publishers.

Disclaimer
All the Internet addresses (URLs) given in this book were
valid at the time of going to press. However, due to the
dynamic nature of the Internet, some addresses may
have changed, or sites may have changed or ceased to
exist since publication. While the author and publishers
regret any inconvenience this may cause readers, no
responsibility for any such changes can be accepted by
either the author or the publishers.

Contenido

Algunas palabras aparecen en negrita, **como éstas**.
Puedes hallarlas en el glosario de la página 23.

¿Qué es la gimnasia?

La gimnasia es un tipo de ejercicio. En gimnasia se puede saltar, girar y practicar **destrezas** de **equilibrio**.

Se puede hacer gimnasia en el piso o en **aparatos,** como los aros.

¿Cómo aprendo gimnasia?

Necesitas que un adulto te enseñe a hacer gimnasia. Un maestro de tu escuela o un **entrenador** de gimnasia puede enseñarte en un gimnasio.

Necesitas tener fuerza para hacer
gimnasia. Al principio, un maestro puede
enseñarte a mantener el **equilibrio**.

¿Cómo uso los brazos y las manos?

Usas los brazos para balancearte bajo una barra. Usas las manos para agarrarte bien de la barra, así no te caes.

Puedes estirar los brazos para ayudarte
a mantener el **equilibrio** sobre una viga.
También puedes hacer distintas formas con
las manos y los brazos.

¿Cómo uso las piernas y los pies?

Usas las piernas cuando haces un *split*.
Para hacer un *split*, abres bien las piernas y
estiras los dedos de los pies.

Usas las piernas cuando aterrizas
después de un salto. Debes doblar las
rodillas al aterrizar.

¿Cómo uso el resto del cuerpo?

Puedes flexionar la espalda para hacer un puente. Así formas un arco con tu cuerpo.

Puedes formar una pelota con tu cuerpo
y rodar hacia adelante y hacia atrás sobre
una colchoneta.

¿De qué otras formas puedes rodar?

¿Qué le sucede a mi cuerpo cuando hago gimnasia?

Cuando haces gimnasia, comienzas a sentir calor y a sudar. También puedes sentir que te quedas sin aliento.

músculo

Tu corazón latirá más rápido. Pueden dolerte los **músculos** de los brazos y de las piernas, y puedes sentirlos cansados.

¿Qué se siente al hacer gimnasia?

La gimnasia es una buena manera de divertirse. Puedes hacer nuevos amigos mientras hacen gimnasia juntos.

Se siente bien mejorar en la gimnasia.
Cuando tengas más fuerza, podrás
aprender más **destrezas**.

Cómo hacer gimnasia sin peligro

Siempre debes calentar el cuerpo antes de hacer gimnasia. Estirar los **músculos** los calienta y evita que te lastimes.

Es importante que escuches a tu **entrenador**.
Cuando uses un **aparato,** asegúrate de que no
haya nadie en el medio. También asegúrate
de usar siempre colchonetas de seguridad.

¿La gimnasia me mantiene sano?

La gimnasia es un buen ejercicio y te ayudará a mantenerte en forma. También debes comer alimentos saludables y beber mucha agua.

Para mantenerte sano, también necesitas descansar mucho. Así podrás divertirte haciendo muchos tipos de ejercicio.

Equipo de gimnasia

viga

colchoneta

trampolín

potro

banco

Glosario

aparato equipo. Se suelen usar aparatos grandes en gimnasia, como vigas sobre las que se debe mantener el equilibrio. En la página 22 hay ejemplos de varios aparatos.

equilibrio mantener firme el cuerpo o un objeto para que no se caiga

entrenador instructor. El entrenador ayuda a las personas a aprender y mejorar en alguna actividad.

músculo parte del cuerpo que te ayuda a mover. El ejercicio puede desarrollar los músculos y fortalecerlos.

destreza capacidad para hacer algo bien. Puedes desarrollar diferentes destrezas mediante el entrenamiento y la práctica.

Índice

Aprende más

www.thespringboard.org.uk
Aprende sobre los niños que hacen gimnasia y conoce más sobre este deporte.

http://kids.nationalgeographic.com/Games/ActionGames/ Geogamesmonkey-bars-gymnastics
¡Juega a la "Barra del mono" para aprender acerca de la gimnasia!